BEI GRIN MACHT SICH IHR
WISSEN BEZAHLT

AF135518

- Wir veröffentlichen Ihre Hausarbeit,
  Bachelor- und Masterarbeit

- Ihr eigenes eBook und Buch -
  weltweit in allen wichtigen Shops

- Verdienen Sie an jedem Verkauf

Jetzt bei www.GRIN.com hochladen und kostenlos publizieren

GRIN

Allgemeine Psychologie. Das Krankheitsbild der Schizophrenie, Kausalmodelle und Emotionen, Emotionale Intelligenz

GRIN

Bibliografische Information der Deutschen Nationalbibliothek:

Die Deutsche Nationalbibliothek verzeichnet diese Publikation in der Deutschen Nationalbibliografie; detaillierte bibliografische Daten sind im Internet über http://dnb.d-nb.de abrufbar.

ISBN: 9783346226228
Dieses Buch ist auch als E-Book erhältlich.

Das Buch bei GRIN: https://www.hausarbeiten.de/document/907205

Einsendeaufgaben

Alternative A
Aus dem Themenkatalog 2020

Eingesandt: 01.02.2020

SRH Fernhochschule Riedlingen

Modul: Allgemeine Psychologie II

Studiengang: Wirtschaftspsychologie, Bachelor of Science

Inhaltsverzeichnis

Abkürzungsverzeichnis

Abbildungsverzeichnis

Abkürzungsverzeichnis

EI	Emotionale Intelligenz
IQ	Intelligenzquotienten
RPK	Rehabilitationseinrichtungen für Psychischkranke und Behinderte
SE	Supported Employment

Abbildungsverzeichnis

Aufgabe 1

1.1 Das Krankheitsbild der Schizophrenie

Die Schizophrenie ist eine unverstandene psychische Störung. Zudem ist sie die schillerndste aller psychischen Störungen. „Schizophrenie" steht für ein Leiden, welches Angst macht. Sie ist, entgegen einem weitverbreiteten Vorurteil, zwar eine ernste, aber auch eine gut behandelbare Krankheit[1]. Obwohl die Krankheit schon lange untersucht wird, hat die Gesellschaft immer noch Schwierigkeiten mit dem Begriff „Schizophrenie". Häfner wirft den Menschen vor, den Begriff falsch zu gebrauchen. Dieser Missbrauch findet vor allem im Zusammenhang mit verschiedenen Persönlichkeiten bzw. Verhaltensauffälligkeiten, Gedankenlosigkeit oder der Idiotie einer Person statt[2]. An Schizophrenie erkrankte Menschen leiden unter dem der Krankheit anhaftenden Stigma und der damit verbundenen Diskriminierung. Dies wird auch als „zweite Erkrankung" bezeichnet[3].

Die schizophrenen Störungen sind dadurch gekennzeichnet, dass eine elementare psychische Funktion, nämlich die Fähigkeit zur Unterscheidung zwischen Fantasie und Wirklichkeit gestört ist. Die Realitätskontrolle ist ausgehebelt, sie ist die radikalste psychische Störung. Die Bewusstseinsklarheit und intellektuellen Fähigkeiten sind meistens nicht beeinträchtigt, obwohl sich im Laufe der Zeit gewisse kognitive Defizite entwickeln können. Die Psychiatrie sieht die Schizophrenie gemeinhin als eine Krankheit, die sich durch ihre Symptome beschreiben lässt[4].

Die Leitsymptome nach ICD-10 für Schizophrenie sind[5]:

1. Gedankenlautwerden, - eingebung, - entzug, -ausbreitung
2. Kontroll- oder Beeinflussungswahn; Gefühl des Gemachten bzgl. Körperbewegungen, Gedanken, Tätigkeiten oder Empfindungen; Wahnwahrnehmungen
3. Kommentierende oder dialogische Stimmen
4. Anhaltender, kulturell unangemessener oder völlig unrealistischer Wahn
5. Anhaltende Halluzinationen jeder Sinnesmodalität
6. Gedankenabreißen oder –einschiebungen in den Gedankenfluss

---

[1] *Vgl.* Finzen, A., 2020, S. 25
[2] *Vgl.* Häfner, H., 2005, S.16
[3] *Vgl.* Finzen, A., 2020, S. 28 & dgppn.de, S. 21
[4] *Vgl.* Matakas, F., 2020, S. 9 & www.ICD-Code.de
[5] *Vgl.* www.ICD-Code.de & dgppn.de, S. 25

7. Katatone Symptome wie Erregung, Haltungsstereotypien, Negativismus

8. Negative Symptome wie auffällige Apathie, Sprachverarmung, verflachter oder inadäquater Affekt.

Erforderlich für die Diagnose Schizophrenie sind mindestens ein eindeutiges Symptom (zwei oder mehr, wenn weniger eindeutig) der Gruppen 1 – 4 oder mindestens zwei Symptome der Gruppen 5 - 8. Diese Symptome müssen fast ständig während eines Monats oder länger deutlich vorhanden gewesen sein[6].

Die wesentlichen psychischen Komorbiditäten bei der Schizophrenie sind: Substanzmissbrauch und Substanzabhängigkeit (insbesondere Tabak, Alkohol und Cannabis), Depression und Suizidalität, Zwangsstörungen, posttraumatische Belastungsstörung, Angststörungen, Unruhe und Erregungszustände und Schlafstörungen. Die paranoide Schizophrenie, die hebephrene Schizophrenie und die katatone Schizophrenie gehören zu den klassischen Unterformen der Schizophrenie[7].

Die Erkrankung tritt bevorzugt erstmals zwischen dem 15. und dem 35. Lebensjahr, bei ca. 65% der Betroffenen bereits vor dem 30. Lebensjahr auf. Das Risiko an dieser Krankheit zu erkranken, ist bei Männern und bei Frauen annähernd gleich. Der sozioökonomische Status scheint auch eine Rolle zu spielen, denn unter Personen mit niedrigem Bildungsabschluss und niedrigem sozioökonomischem Status ist die Krankheit gehäuft zu finden[8]. Eine schizophrene Störung kann unterschiedlich verlaufen. Entweder kontinuierlich episodisch mit zunehmenden oder stabilen Defiziten oder es können eine oder mehrere Episoden mit vollständiger oder unvollständiger Remission auftreten[9].

Das allgemeine Behandlungsziel bei dieser Erkrankung ist ein von Krankheitssymptomen weitgehend freier Mensch, welcher zu selbstbestimmter Lebensführung fähig ist, von therapeutischen Maßnahmen in Kenntnis gesetzt und zu deren Nutzen/Risiken-Abwägung in der Lage ist. Die Therapie ist grundsätzlich multiprofessionell und mehrdimensional orientiert. Dies bedeutet, dass in allen Therapie- und Versorgungsangeboten biologisch-somatische, psychologisch-psychotherapeutische und soziotherapeutisch-rehabilitative Aspekte gleichermaßen berücksichtigt werden müssen. Therapeutische Strategien für Menschen mit einer Schizophrenie können zum Beispiel sein: Pharmakothe-

---

[6] *Vgl.* dgppn.de, S. 19, S. 25
[7] *Vgl.* dgppn.de, S. 19, S. 26 - 27
[8] *Vgl.* dgppn.de, S. 19
[9] *Vgl.* www.ICD-Code.de

rapie, kognitive Verhaltenstherapie und andere Psychotherapien, Psychoedukation, andere somatische Therapien. Familieninterventionen und Angehörigenarbeit, Training sozialer Fertigkeiten, Training kognitiver Fähigkeiten und neuropsychologische Therapie, Ergotherapie, Physiotherapie, Körpertherapie und Sporttherapie, sowie künstlerische Therapien gehöre ebenfalls dazu. Besonders entscheidend für Behandlung, Akzeptanz, Erfolg und langfristige Adhärenz sind fachliche und menschliche Qualität bei der Erstbehandlung. Prinzipiell kommen bei der Behandlung symptomreduzierende, vulnerabilitätsmindernde, stressreduzierende und bewältigungsfördernde therapeutische Interventionen in Betracht. Im Vordergrund stehen neben der Akutbehandlung einer Erstmanifestation bzw. eines Rezidivs auch sekundäre und tertiäre Präventions- und Rehabilitationsmaßnahmen, wie soziale Wiedereingliederung[10].

1.2 Patienten mit Schizophrenie und der Arbeitsmarkt

Ziel der Rehabilitation ist die Erhaltung von Fähigkeiten während der Erkrankung und die Wiederherstellung der durch die Krankheit beeinträchtigten Fähigkeiten und ihrer Anwendung in Arbeit und Freizeit. Zeitlich betrachtet unterscheidet man drei Phasen: die Frührehabilitation, die klinische Rehabilitation und der Übergang vom Krankhaus in Familie, Gesellschaft und Beruf. Art und Dauer der beruflichen und sozialen Rehabilitation hängen vom individuellen Bedarf ab. Betroffene, die nach einer psychotischen Episode komplikationslos, in ihre persönliche, familiäre und berufliche Umwelt zurückkehren können, benötigen keine Rehabilitationsmaßnahmen[11].

„Es ist unstrittig, dass Arbeit günstige Auswirkungen auf die psychische Gesundheit schwer psychisch Erkrankter hat." So steht es in der neuen Leitlinie für psychosoziale Therapien der Deutschen Gesellschaft für Psychiatrie, Psychotherapie und Nervenheilkunde[12]. Ein wichtiges Ziel der Rehabilitation ist die Wiedereingliederung in den Beruf. Die Wiederkehr an den alten Arbeitsplatz ist in der Regel die beste Chance[13]. Doch nur knapp sechs Prozent der Menschen mit einer psychischen Erkrankung haben eine Vollzeitstelle[14].

---

[10] *Vgl.* www.dgppn.de, S. 42
[11] *Vgl.* Häfner, 2017, S. 439
[12] *Vgl.* www.dgppn.de, S. 214 - 219
[13] *Vgl.* Häfner, 2017, S. 439
[14] *Vgl.* Schramm, S, 2013

Dabei ist die Inklusion, die Integration Behinderter im Alltag wie im Arbeitsleben, von den Vereinten Nationen zum Menschenrecht erklärt worden[15]. Für Rollstuhlfahrer werden Rampen und Fahrstühle gebaut. Das Recht auf Inklusion gilt aber auch für psychisch Kranke. Allerdings hapert es mit Umsetzung. Es wurden für Patienten mit psychischen Erkrankungen Tageskliniken und Wohngruppen eröffnet, damit Patienten behandelt werden konnten und zeitgleich weiterhin im Alltagsleben integriert wurden. Das erste funktionierte, das zweite nicht. Es entstanden Arbeitseinrichtungen für psychisch Kranke, Wohneinrichtungen für psychisch Kranke, Freizeiteinrichtungen für psychisch Kranke. Sie blieben unter sich. Das allgemeine Misstrauen gegenüber psychisch kranken Menschen ist der Grund dafür, dass diese Parallelwelt sich so hartnäckig hält. Wie also könnte eine Rampe für psychisch Kranke aussehen?[16]

In letzter Zeit werden Strategien, Programme und Angebote genannt, beruflicher Rehabilitation in sogenanntes Prevocational Training, mit dem Ziel der Berufsvorbereitung vor der Rückkehr in den ersten Arbeitsmarkt. Dies wird zum Beispiel mit tagesstrukturierenden und übergangsbeschäftigenden Maßnahmen einerseits, sowie in das sogenannte Supported Employment (SE) andererseits unterteilt. SE findet an normalen Arbeitsplätzen als bezahlte, jedoch von spezialisierten Diensten unterstützte Arbeit statt. Die Befürworter des SE kritisierten an Angeboten des sog. Prevocational Training, dass möglicherweise rasch mobilisierbare Ressourcen von Menschen mit Schizophrenie unterschätzt werden, erkrankte Menschen möglicherweise keinen kompetitiven Arbeitsplatz erreichen und dass das Ziel eines Jobs am allgemeinen Arbeitsmarkt aus dem Blick geraten könnte. Daher bevorzugt das SE die zügige Eingliederung in den Arbeitsmarkt ohne Vorbereitungszeit, aber mit Unterstützung am Arbeitsplatz (Job Coach) sowie mit fortdauernder gemeindepsychiatrischer Hilfe[17].

Vor allzu großem Optimismus im Hinblick auf berufliche Wiedereingliederung sei allerdings gewarnt. Dies hängt weniger mit den psychosespezifischen Behinderungen und den Grenzen der Rehabilitationsprogramme zusammen. Vielmehr geht es um die allgemeine Arbeitsmarktsituationen. Weil Arbeit teuer ist und Renditeerwartungen ungeheuer gestiegen sind, sind Betriebe rigoros auf Effizienz ihrer Mitarbeiter ausgerichtet. Die Nischenarbeitsplätze werden wegrationalisiert. Berufliche Integration nach psychischer Krankheit erfolgt deswegen überwiegend auf dem sogenannten zweiten Arbeitsmarkt in Behinderteninstitutionen, in Selbsthilfebetrieben oder in anderen Formen von

---

[15] Vgl. www.behindertenrechtskonvention.info
[16] *Vgl.* Schramm, S, 2013
[17] *Vgl.* www.dgppn.de, S. 214 - 215

beschützten Arbeitsplätzen. Dies ist zwar bedauerlich, aber der Psychiatrie ist es nicht möglich, die gesellschaftliche Realität zu ändern. Es wäre unmoralisch und unverantwortlich, ausgerechnet psychisch stark verletzliche Rehabilitanden als „Rammböcke" einzusetzen, um so die gesellschaftliche Situation aufzubessern. Dies bedeutet nicht, dass man auf den Versuch verzichten sollte, psychisch Behinderte in ihre frühere Arbeitsumgebung zu reintegrieren. Aussichtsreich ist dies allerdings nur bei mäßiger Ausprägung der Behinderung[18]. Ist der Arbeitsplatz verloren oder bei Jugendlichen ohne Schulabschluss oder Ausbildung, dann stehen für schwerer Behinderte, die noch einer intensiven ärztlichen Behandlung bedürfen, sogenannte Rehabilitationseinrichtungen für Psychischkranke und Behinderte (RPK) zur Verfügung[19].

Wenn alle berufsbezogenen Rehabilitationsprogramme wegen der Schwere der Behinderung nicht in Frage kommen oder der Erfolg ausbleibt, sind beschützte Arbeitsplätze in Behindertenwerkstätten eine mögliche Lösung. Diese sind jedoch nur für einen kleinen Teil psychisch Behinderter geeignet, weil sie eine Erfolgsprognose des Wiedereintritts in den allgemeinen Arbeitsmarkt nach Abschluss der Rehabilitationsperiode verlangen. Deswegen wurden Zuverdienstfirmen gegründet[20]. Die sogenannten Werkstätten für behinderte Menschen sind neben Selbsthilfefirmen und verschiedenen Zuverdienstprojekten dem komplementären Arbeitsbereich zuzuordnen und sollen erkrankten Menschen eine Teilhabe am Arbeitsleben in Form eines sozialversicherungspflichtigen Arbeitsplatzes ermöglichen. Außerdem gibt es eine Reihe von Berufsförderungswerken für psychisch erkrankte Menschen mit dem Ziel der Berufsberatung, Berufsvorbereitung und Umschulung sowie RPKs, die durch Rentenversicherung, Agentur für Arbeit und Krankenkassen finanziert werden und als Angebot auch Menschen mit Schizophrenie zur Verfügung stehen[21]. Trotz dieser Vielfalt von Rehabilitationsmöglichkeiten bleibt ein beträchtlicher Teil psychisch Schwerbehinderter freiwillig oder notgedrungen ohne sinnvolle Beschäftigung. Der psychosoziale Dienst, der mit unterschiedlichen Trägern existiert und ambulante sozialpsychiatrische Dienste leistet und vermittelt, bietet an diesem Punkt seine Hilfe an[22].

---

[18] *Vgl.* Finzen, 2020, S. 207-208
[19] *Vgl.* Häfner, 2017, S. 445 & Finzen, 2020, S. 208
[20] *Vgl.* Häfner, 2017, S. 445
[21] *Vgl.* www.dgppn.de, S. 214 - 215
[22] *Vgl.* Häfner, 2017, S. 445 - 446

Aufgabe 2

2.1 Kausalmodelle und Emotionen

Die meisten Menschen erkennen schnell, wenn sich jemand freut oder wenn jemand traurig ist, dabei ist es viel schwieriger zu erklären, was Emotionen eigentlich sind. Das gilt für den Laien, ebenso wie für die Wissenschaft, in der es keine übereinstimmende Begriffsdefinition zu Emotionen gibt[23]. Das Wort „Emotion" kommt aus dem lateinischen (lat. Wort emovere). Übersetzt man es, würde es „herausbewegen" / „in einen erregten Zustand versetzen" bedeuten. Diese Beschreibung des Wortes sagt schon, dass Emotionen Menschen erregen oder berühren. Sie bewegen Menschen zu einem bestimmten Verhalten und sind daher auch eng mit Motivationen verknüpft[24].

Mithilfe von Emotionen werden Ereignisse aus der Umwelt verarbeitet, klassifiziert und interpretiert bzw. bewertet. Emotionen sind also Reaktionen auf Umweltereignisse, die den Menschen körperlich und seelisch beeinflussen. Sie wirken sich auf die willkürliche und unwillkürliche Motorik, sowie auf unterschiedliche Organsysteme und das vegetative Nervensystem aus. Emotionen finden Ausdruck, in dem sich die Körperhaltung, die Mimik oder zum Beispiel auch die Atmung verändert. Damit wird auch gezeigt, welche Art von Emotion (z.B. Freude, Wut, Trauer, Angst) gerade empfunden wird. Emotionen können als erlebte Zustände beschrieben werden und dessen Gründe können sich bewusst gemacht werden. Emotionen sind dadurch teilweise steuer- und kontrollierbar. Aber Emotionen sind nicht neutral, Umweltereignisse werden emotional bewertet und wirken sich auf die Stimmung des Menschen aus[25].

Obwohl Emotionen nicht vollständig beschreib- und erfassbar sind, sind sich Wissenschaftler einig, dass eine vollständige Definition, wenigstens die folgenden drei Ebenen thematisieren muss: (1) das subjektive Erleben eines Gefühls, (2) die neurophysiologischen Prozesse als Basis von Emotionen und (3) der beobachtbare Ausdruck[26].

Kleinginna und Kleinginna haben 1981 aus diversen Definitionen eine Arbeitsdefinition ausgearbeitet. Sie zeigt auf, dass Emotionen subjektive und objektive Komponenten (z.B.

---

[23] *Vgl.* Bak, 2019, S.146
[24] *Vgl.* Eder & Rothermund, 2011, S. 165
[25] *Vgl.* Hülshoff, 2012, S. 13
[26] *Vgl.* Izard, 1999, S. 20

Gefühle, kognitive Prozesse, physiologische Reaktionen) besitzen. Die Vermittlung dieser Komponenten findet neuronal sowie hormonell statt und bereitet den Menschen auf ein adaptives, zielgerichtetes und ausdrucksstarkes Verhalten vor[27].

Die Kausalmodelle beschäftigen sich mit dem Ursache- Wirkungszusammenhang bei der Entstehung der Emotionen und beleuchten die unterschiedlichen Ansätze. Es werden nun die drei Ansätze vorgestellt, welche Schmitz-Atzert, Peper, & Stemmler nennen[28]:

Den drei Ansätzen ist zunächst ihre Grundvoraussetzung für die Entstehung von Emotionen gemein: die Wahrnehmung. Ein Ereignis muss demnach wahrgenommen werden, um eine Reaktion auszulösen. Alle drei Ansätze befassen sich mit der Bewertung des auslösenden Ereignisses, der sogenannten Reizbewertungsansätze, siehe dazu folgende Abbildung[29].

Abbildung 1: Kausalmodelle zur Rolle von Bewertungen bei der Entstehung von Emotionen (Quelle eigene Darstellung, in Anlehnung an: Schmitz-Azert et al, 2014, S.136)

Der **erste Ansatz** geht davon aus, dass eine Bewertung des stattgefundenen, erlebten Ereignisses zu einer Emotion führt. Er ist der klassische, nach der die emotionale Antwort auf einer Überprüfung des Reizes folgt.

Der **zweite Ansatz** favorisiert eine bewertende Reaktion auf ein emotionales Ereignis. Hier liegt der Schwerpunkt auf einer körperlichen oder einer beobachtbaren Reaktion, die nach einer internen Überprüfung zu einem Gefühlsausdruck führen.

Der **dritte Ansatz** wiederum postuliert, dass sowohl eine Bewertung als auch die Emotion Ergebnis des wahrgenommenen Ereignisses seien können, aber nicht parallel auftreten müssen. Es wird versucht eine Anpassung der Bewertung und der somatischen, also der körperlichen Antwort auf einen Vorgang vorzunehmen, im Bemühen die Emotionen zu steuern, die positiven hervorzuheben, die negativen möglichst zu negieren[30].

---

[27] *Vgl.* Brandstätter, Schüler, Puca, Lozo, 2018, S. 164
[28] *Vgl.* Schmitz-Atzert, Peper, & Stemmler, 2014, 134–135
[29] *Vgl.* Schmitz-Atzert, Peper, & Stemmler, 2014, 135-139
[30] *Vgl.* Schmitz-Atzert, Peper, & Stemmler, 2014, S. 134–135

2.2 Das Transaktionalen Stressmodell von Lazarus

Die Bewertungen im Transaktionalen Stressmodell nach Lazarus gehören zu den Appraisaltheorien. Appraisaltheorien, auch (kognitive) Bewertungstheorie oder (kognitive) Einschätzungstheorie genannt, befassen sich mit den unbewussten und bewussten Informationsverarbeitungsprozessen, welche Emotionen hervorrufen[31]. Aristoteles, 350 v. Chr., befasste sich schon in seinen Thesen mit Emotionen. Das Modell von Magda Arnold, 1960 gibt an, dass Emotionen objektbezogen sind und ein ausweichendes oder zuwendendes Verhalten in Begleitung von körperlichen Modifikationen nach sich ziehen[32]. Richard Lazarus ging 1974 mit seiner Stresstheorie weiter. Er postuliert in seinem Modell, das Stresssituationen eine subjektive und damit individuelle, emotionale Wahrnehmung bei den Betroffenen und damit unterschiedliche, intrapersonelle Reaktionen auslösen. Die Bewertung eines aktuellen oder noch eintreffenden Ereignisses wird dahingehend vorgenommen, ob das Ereignis bewältigt werden kann und ob es positive oder negative Folgen mit sich zieht. Hat das Ereignis bereits stattgefunden, wird überprüft ob es zu einem Defizit oder zu einem positiven Ergebnis kam[33]. Um das Ereignis bewerten zu können, wird ein Abgleich mit den eigenen Zielen vorgenommen, um zu ermitteln, inwiefern die Begebenheit diese tangieren. Dieser Bestandteil der Bewertung wird Zielrelevanz genannt. Die Zielkongruenz, die zweite Komponente, beurteilt eine Konformität mit den eigenen Zielen. Die dritte Komponente interpretiert die persönlichen Gesichtspunkte. Beispielsweise bei moralischen Ansichten in einem Konflikt. Diese drei Komponenten gehören zur „Primärbewertung". Die „Sekundärbewertung" von Ereignissen beschäftigt sich mit der Verantwortungszuschreibung (Wer ist verantwortlich?), dem „Bewältigungspotential" (Ist die Aufgabe unter Zuhilfenahme von bestimmten Ressourcen zu meistern?) und der „Zukunftserwartung" (Stimmen zukünftige Fortgänge des Ereignisses mit den eigenen Zielen überein?)[34].

Zur Auflösung von Stress bietet Lazarus zwei Bewältigungsformen des sogenannten Coping an. Das Wort Coping kommt aus dem englischen und bedeutet „bewältigen, überwinden". Lazarus nennt seine Bewältigungsformen „Problemorientiertes Coping" und „Emotionsorientiertes Coping". Beim „Problemorientierten Coping" wird versucht, das

---

[31] *Vgl.* Hess & Kappas, 2009, S. 247
[32] *Vgl.* Hess & Kappas, 2009, S. 248
[33] *Vgl.* Hess & Kappas, 2009, S. 255
[34] *Vgl.* Krohne, 2009, S. 601 & *Vgl.* Gerrig, R. 2015, S. 482

stressauslösende Ereignis zu überwinden. Beim „Emotionsorientierten Coping" sollen die durch den Stressimpuls erregten Emotionen gemeistert werden, ohne dabei die stressauslösende Situation abzuändern. Der positive Ansatz der Theorie ist ebenfalls wichtig, denn dieser ermöglicht es, anstrengende Situationen als Herausforderungen zu betrachten und nach Durchstehen der Schwierigkeit wird ein Zuwachs in den Fähigkeiten angesehen. Das Ereignis kann danach neubewertet werden. Lazarus geht in seinen Modellen davon aus, dass eine Person, welche auf einen stressauslösenden Impuls reagiert, nach dem Ereignis eine „neue Bewertung" der internalen und externalen Verhältnisse vornimmt, somit es gegebenenfalls zu einer anderen Einschätzung der Gegebenheiten kommen wird[35].

Copingstrategien lassen sich in verschiedene Bewältigungsstrategien einteilen: gesundheitsfördernd, „funktionale" und schädigende, „dysfunktionale". Zu den funktionalen, positiven Copingmethoden gehören eine hohe Selbstwirksamkeit, sowie die internale Kontrollfunktion. Beide Faktoren ermächtigen eine Person dazu, eine Aufgabe als eine herausfordernde Bereicherung zu erleben, die sie selbst mit ihren Ressourcen bearbeiten können[36]. Es gibt noch weitere Faktoren, die bei einer gesunden Bewältigungsstrategie hilfreich sind. Dazu gehören: das Bitten um externe, soziale Unterstützung, das Akzeptieren einer Situation, sowie die Informationsbeschaffung zu einem Problem. Die persönlichen Ressourcen sind relativ stabile Dispositionen einer Person auf die sie, bei einer Auseinandersetzung mit einer belastenden Situation, zurückgreifen kann. Personale Ressourcen haben sich im Laufe des Lebens durch Erfahrungen mit Bewältigung aufgebaut[37]. Zu den negativen Bewältigungsstrategien gehören: aggressive Verhaltensmuster, Flucht vor der Realität durch Alkohol oder Medikamentenmissbrauch, übersteigerter Fernsehkonsum oder dem Verfolgen eigener „perfektionistischen Leistungsansprüchen"[38]. Vermuten lässt sich aber, dass Menschen mit einer genetischen Anlage zu einer Prädisposition, also eine Anfälligkeit für Stressfaktoren, sich eine Konzentration von negativen Erlebnissen in ihrem bisherigen Leben zeigt[39].

---

[35] *Vgl.* Hess & Kappas, 2009, S. 256
[36] *Vgl.* Frost & Mierke, 2013
[37] *Vgl.* Gerrig, R. 2015, S. 482 -483 & Vgl. Stangl, W., 2018
[38] *Vgl.* Kaluza, G., 2018, S. 64
[39] *Vgl.* Gerrig, R. 2015, S. 483 -484

Aufgabe 3

3.1 Definition emotionale Intelligenz (EI)

Die emotionale Intelligenz (EI) ist Gegenstand der psychologischen Forschung. Sie ist aber erst zunehmend in den letzten Jahrzehnten in den Vordergrund gerückt. Bisher galt die Aufmerksamkeit überwiegend dem Intelligenzquotienten (IQ) bzw. kognitiver Leistungsfähigkeit und Persönlichkeitsmerkmalen. Diese Modelle werden allerdings wegen möglicher Verzerrungen, wie kultureller Ungleichgewichte oder Lebensumstände, kritisiert. Denn diese können nicht die ganze Bandbreite an psychologischen Kriterien, darunter akademische und berufliche Leistung oder allgemeines Wohlbefinden, abdecken. Da die emotionale Ebene bei solchen Test- und Messverfahren nicht einbezogen wird, sah man die Notwendigkeit der Erweiterung traditioneller Ansätze um ein weiteres Konzept[40]. Goleman's Theorie (1995) der emotionalen Intelligenz gilt als besonders interessant für die neuere Intelligenzforschung, denn er bezeichnet sie als „Intelligenz der Gefühle". Goleman stelle sie der akademischen Intelligenz gegenüber. Das Gefühlserleben gewinnt hierdurch an Relevanz, wodurch der IQ als Faktor für späteren Lebenserfolg grundlegend angezweifelt wird[41]. Der Kern der emotionalen Intelligenz umfasst also zunächst die bewusste Wahrnehmung der eigenen Gefühle, die Empathie, also das Vermögen die Gefühle anderer zu erfassen und in diesem Kontext angemessenen zu reagieren und zu kommunizieren[42]. Diese Reaktion lässt sich noch weiter konkretisieren: Sie beinhaltet das Emotionsmanagement. Das heißt auch die Beeinflussung der Emotionen anderer. Die Regulation der eigenen Emotionen sowie der Expressivität gehört ebenfalls dazu[43]. Nach Daniel Goleman setzt sich die emotionale Intelligenz aus den folgenden fünf Bereichen auseinander[44]:

1. **Selbstbewusstsein:** Die Fähigkeit, die eigene Persönlichkeit, sowie die eigenen Stärken und Schwächen realistisch einschätzen zu können

2. **Selbststeuerung:** Die Fähigkeit, die eigenen Stimmungen und Gefühle durch einen inneren Dialog adäquat zu beeinflussen, dass man ihnen nicht mehr nur ausgesetzt ist.

---

[40] *Vgl.* Schulze, Freund & Roberts, 2006, S. 5-12
[41] *Vgl.* Goleman, 1997, S. 53-55
[42] *Vgl.* Pletzer, 2017, S. 13-15
[43] *Vgl.* Caruso & Salovey 2005; zitiert nach Spisak & Della Picca, 2017, S. 141
[44] *Vgl.* Institut für emotionale Intelligenz (o.A.)

3 **Motivation:** Die Fähigkeit, stehts leistungsbereit und begeisterungsfähig den Alltag zu gestalten. Personen mit hoher Eigenmotivation sind auch durch ein höhere Frustrationstoleranz gekennzeichnet.

4 **Empathie:** Die Fähigkeit, die Gefühle und Motive anderer zu erkennen und sich selbst in deren Lage zu versetzen. Hohes Einfühlungsvermögen befähigt demnach auch, respektvoll mit Mitmenschen umzugehen, da diese in ihrem Sein erfasst werden.

5 **Soziale Kompetenz:** Die Fähigkeit, Beziehungen herzustellen und diese auch über längere Zeit aufrechtzuerhalten. Dazu werden auch Teamfähigkeit, Führungsqualität und ein ausgeprägtes Beziehungs- und Konfliktmanagement gezählt.

Anders als beim IQ, scheinen erst Personen mittleren Alters ihre maximale EI entwickelt zu haben, was nicht ungewöhnlich erscheint, wenn man die damit verbundenen Fähigkeiten, wie bspw. Konfliktmanagement, Transparenz oder fundierte Selbsteinschätzung, betrachtet[45].

Um emotionale Intelligenz messen zu können, wird das hierfür meist verbreitete Messverfahren vorgestellt, der MSCEIT – Mayer-Salovey-Caruso Emotional Intelligence Test. Die Teststruktur entspricht einem hierarchischen Aufbau, siehe dazu die folgende Abbildung:

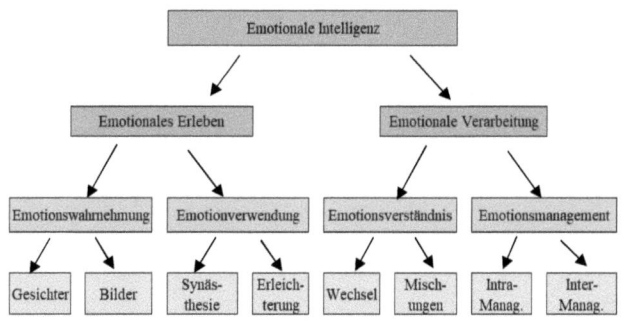

Abbildung 2: Aufbau des MSCEIT
(Quelle eigene Darstellung, in Anlehnung an: Schulze, Freund & Roberts, 2006, S. 147)

Die EI wird zunächst in emotionales Erleben bzw. emotionale Verarbeitung eingeteilt. Diese beiden Zweige werden wiederum in Emotionswahrnehmung bzw. –verwendung

---

[45] *Vgl.* Krohne & Tausch 2014; zitiert nach Spisak & Della Picca, 2017, S. 140-141

auf der einen, und Emotionsverständnis bzw. –management auf der anderen Seite untergliedert. Zuletzt gehen daraus die acht subskalen Gesichter und Bilder, Synästhesie und Erleichterung, Wechsel und Mischungen, sowie Intra- und Intermanagement hervor. Die erhaltenen Messwerte (der vier Zweige) können wie folgt interpretiert werden: Hohe Werte in der Emotionswahrnehmung sprechen für eine ausgeprägte Fähigkeit Emotionen richtig zu erkennen, sowohl die eigenen als auch die von anderen Personen. Damit hängt auch wesentlich die Fähigkeit zur Identifizierung und Interpretation von Gesichtsausdrücken zusammen. Die Emotionsverwendung steht für die gezielte Schaffung von Emotionen oder Stimmungen, die in der jeweiligen Situation von Nutzen sein können. Menschen mit hohen Werten in dieser Kategorie sind zudem imstande Emotionen aus mehreren Perspektiven zu beurteilen und somit zusätzlich der Situation entsprechend zu handeln. Emotionswechsel verstehen und deuten fällt unter die Rubrik Emotionsverständnis. Hier spielen Beziehungen, Dynamik und Intensität mit ein. Zuletzt erfordert das Emotionsmanagement den Einsatz aller persönlichen emotionalen Komponenten, die im Prozess der Entscheidungsfindung relevant sind. Die Personen wissen um die Reichweite ihrer Emotionen und Stimmungen. Sie können beispielsweise im Hinblick auf den Faktor Akzeptanz, diese reflektieren und auf die eigenen sowie die fremden Emotionen, Einfluss nehmen[46]. Kurzum: Für die Subskalen liegen jeweils Subtests vor, deren Einzelwerte mittels fünfstufiger Likertskalen ermittelt und zu einer Gesamtleistung verrechnet werden. Je nach Bereich, unterscheiden sich die Antwortmöglichkeiten, z.B. „nicht ähnlich" bis „sehr ähnlich" bei Sinneseindrücken, oder „nicht glücklich" bis „extrem glücklich" bei Gesichtern. Die Auswertung unterliegt einem experten- und konsensbasierten Scoring, auf Grundlage einer 21-köpfigen Expertengruppe aus Mitgliedern der International Society of Research in Emotion und der Standardisierungsstichprobe. Das am Ende errechnete arithmetische Mittel aus den beiden Zweigen Emotionales Erleben und Emotionale Verarbeitung ergibt schließlich das Maß an EI [47].

3.2 Emotionale Intelligenz und ihre Bedeutung bei der Teamzusammenstellung

Heutzutage wird kaum noch ein Projekt oder eine Arbeit von einer Person allein durchgeführt, besonders in größeren Unternehmen.

---

[46] *Vgl.* Schulze, Freund & Roberts,, 2006, S. 146-148; Bosley & Kasten, 2018, S. 159-160
[47] *Vgl.* Mayer, Salovey, Caruso & Sitarenios, 2003, S. 97-105

Durch die Kooperation mit mehreren Experten kann fachliches Wissen ausgetauscht und so zu qualitativ höheren Ergebnissen beigetragen werden. Ebenso können auch soziale und emotionale Kompetenzen gestärkt werden, wie etwa Sozialität, Kollegialität und Freundschaften[48]. Solche Gruppen werden als Teams bezeichnet. Sie sind nicht nur eine Ansammlung von Menschen, sie arbeiten an derselben Aufgabe, interagieren miteinander und grenzen sich nach außen von anderen Gruppen ab[49].

Für die Führungskraft ergibt sich bereits bei der Auswahl der Teammitglieder die entscheidende Aufgabe, die richtige Auslese hinsichtlich der Gruppendynamik zu treffen[50]. Was bedeutet es aber, ein Team aus emotional intelligenten Mitgliedern zusammen zu stellen bzw. sie diesbezüglich auch zu trainieren? Die Aufgabe der Führungskraft ist es, sich der emotionalen Realität seines Teams bewusst zu werden. Damit ist der emotionale Ist-Zustand des Teams gemeint. Dieser umfasst Aspekte wie (ggf. ineffektive) Normen und Gewohnheiten, Stimmungen zwischen den einzelnen Mitgliedern sowie Gefühle im Hinblick auf die Gruppenzugehörigkeit und Rollenverteilung. Goleman, Boyatzis und McKee bezeichnen dies eine kollektive Selbstwahrnehmung. Um ein größtmögliches Maß an sozialem Bewusstsein zu erreichen, ist es wichtig offene Kommunikationswege zu schaffen und jedem einzelnen Teammitglied die emotionale Realität verständlich zu machen. So kann Resonanz erzeugt und eine Grundlage für Kooperationsfähigkeit und Veränderungen gebildet werden[51]. Bestätigt wird dies auch durch die Studie von Feyerham und Rice, aus welcher hervorging, dass die EI der Führungskraft positiv mit der Teamleistung korreliert. Allerdings gibt es keine eindeutigen Ergebnisse im Zusammenhang mit der EI innerhalb des Teams allein und dessen Leistung. Die emotionale Intelligenz der Führungskraft ist ein wichtiges Ressourcenfeld[52]. Doch welchen Einfluss hat EI? Wie zeichnet sich hohe EI aus und was sind die Folgen mangelnder EI im Kontext für die Teamleistung?

Das Führungskompetenzmodell nach Spencer als Grundlage genommen, verglich man die Kompetenzen durchschnittlicher sowie herausragender Arbeitskräfte in Führungspositionen miteinander. Es wurde festgestellt, dass Letztere nicht allein durch Intellekt oder technische Begabung auffielen, sondern vielmehr über Fähigkeiten verfügten, die heute der EI angerechnet werden: ergebnisorientierte Motivation, Eigeninitiative, Kooperations- und Teamfähigkeit und zudem das Vermögen Teams zielgerichtet führen zu

---

[48] *Vgl.* Bosley/ Kasten(2018), S.146
[49] *Vgl.* Becker (2016), S. 6
[50] *Vgl.* Wallace, Rijamampianina, (2005); zitiert nach Krause, 2007, S. 58
[51] *Vgl.* Goleman, Boyatzis, McKee, (2003), S. 216-218, 229-230, 234
[52] *Vgl.* Krause (2007) S. 61-62

können[53]. Wenn Stimmungen richtig wahrgenommen und genutzt werden, arbeiten Teams besonders effizient. Für die Organisation mag dies unerheblich erscheinen, übt jedoch reellen Einfluss auf die Wahrnehmung der Mitglieder. Negative Emotionen, wie Ärger über ein Projekt, können störend wirken, indem der Fokus von der eigentlichen Arbeitsaufgabe zur Bewältigung des wachsenden Distresses gelenkt wird. Die Folge ist, die Anspannung der Mitarbeiter steigt, die Frustrationstoleranz sinkt. Folglich wächst das Konfliktpotenzial zwischen Teammitgliedern untereinander und auch dem Teamleiter gegenüber. Unter diesen Aspekt fällt auch die Fähigkeit zur geschickten Kritik. Goleman sagt: „Kritik ist die erste Bürgerpflicht". Bei der geschickten Kritik geht es um die Art, wie sie geäußert und folglich aufgenommen wird, damit der Mitarbeiter in seiner Effektivität und Zufriedenheit vorwärtsgebracht wird. Faktisch bedeutet es, dass geschickte Kritik niemals darauf abzielen darf eine unzureichende Leistung auf Charaktereigenschaften zurückzuführen oder es anzudeuten, da dies letztlich einen persönlichen Angriff darstellt und die Motivation sowie Offenheit für Verbesserungen sabotiert. Gerade auch sarkastische Bemerkungen haben oftmals zufolge, dass sich Teammitglieder nicht ernstgenommen fühlen und ihre Arbeit als belastend und sinnlos empfinden. Deswegen sollte Kritik als das, was es ist, nämlich ein Feedback, weitergegeben werden. Fehler einfach nur zu benennen, ohne die Möglichkeit zur Behebung der Defizite einzuräumen, ist weder zielführend noch motivierend. Gleichermaßen muss auch der Adressat die ihm erteilte Kritik als Hilfestellung betrachten und von affektiven Reaktionen absehen[54].

3.3 Kritik

Seit Thorndike um das Jahr 1920 herum das Konzept der „sozialen Intelligenz" veröffentlichte, befassten sich immer mehr Menschen damit, dass der Erfolg im Leben nicht allein von kognitiven Fähigkeiten abhängig ist. Gardner postulierte in den 1980er-Jahren seine Theorie der multiplen Intelligenzen. Basierend auf dieser Theorie entstand das Konzept der emotionalen Intelligenz nach Salovey und Mayer[55]. Goleman war jedoch erst derjenige, der den Begriff im Jahr 1996 bekannt machte. Seither hat sich das Konzept in der freien Wirtschaft durchgesetzt, jedoch nicht ganz frei von Kritik. Zu allererst

---

[53] *Vgl.* Goleman et al., 2003, S. 56-57.
[54] *Vgl.* Goleman, 1997, S. 193-198
[55] *Vgl.* von Salisch, (2002), S. 33

sei in den Raum gestellt, inwieweit der Intelligenzbegriff auf emotionale Komponenten ausgedehnt werden kann, anstatt sie als einen Widerspruch aufzufassen[56]. Es besteht zudem ein grundlegendes Problem in der Begriffsdefinition: Bereits bei der Faktorentrennung des MSCEIT fällt auf, dass eine scharfe Aufteilung nicht gänzlich realisierbar ist. Ähnlich verhält es sich bei der Fassbarkeit des Begriffes „Emotionale Intelligenz". Dies wiederum führt im Umkehrschluss zu einer erschwerten Operationalisierung und Messbarkeit[57]. Weiterhin wird die Kausalität von EI und unternehmerischem Erfolg kritisiert. Es wird auf die unzureichende Empirie hingewiesen, um wissenschaftlich gerechtfertigte Aussagen in dem Kontext machen zu können[58]. Ob sich die EI zu Emotion genauso verhält wie der IQ zu Kognition, ist ebenfalls eine ihrer Überlegungen[59].

Dennoch lassen sich zahlreiche Korrelationen zwischen EI und Leitung nicht abstreiten. So identifizierten Luskin, Aberman und DeLorenzo einen Zusammenhang zwischen Coachingmaßnahmen zur Steigerung der EI und Aspekten, wie Verkaufsleistung oder psychisches Wohlbefinden[60]. Prati et al. haben Untersuchungen vorgenommen, um die Effektivität eines Teams mit emotionalen Mitgliedern zu testen[61].

Dadurch dass das Konzept der EI durch die einfache Benennung auch Laien zugänglich ist, findet das Konzept der EI mittlerweile breite Anwendung, besonders in Berufsfeldern mit Führungspositionen. Bei der Auswahl von Führungspersonen wird zunehmend mehr Wert daraufgelegt, dass sie über gute soziale Kompetenzen verfügen und in der Lage sind sich anzupassen, so dass es ihnen möglich ist ein Team auf Augenhöhe zu führen und es zu motivieren[62].

---

[56] *Vgl.* Goleman, 1997, S.64
[57] *Vgl.* Krause, 2007, S. 86
[58] *Vgl.* Matthews, Roberts, Zeidner, 2004
[59] *Vgl.* Krause, 2007, S. 88-90
[60] *Vgl.* Luskin, Aberman, DeLorenzo, 2005,
[61] *Vgl.* Prati, Douglas, Ferris, Ammeter, Buckley, 2003, zitiert nach Krause, 2007, S. 66-68
[62] *Vgl.* De Micheli, 2014

Literaturverzeichnis

Bak, P. M. (2019) Lernen, Motivation und Emotion - Allgemeine Psychologie II– das Wichtigste, prägnant und anwendungsorientiert. Berlin, Springer

Becker, F. (2016), Teamarbeit, Teampsychologie, Teamentwicklung, 1. Auflage, Berlin.

Bosley, I./ Kasten, E. (2018), Emotionale Intelligenz, 1. Auflage, Berlin.

Brandstätter, V., Schüler, J., Puca, R. M., Lozo, L. (2018). Motivation und Emotion - Allgemeine Psychologie für Bachelor (2. Aufl.), Springer Verlag, Berlin

Eder, A. & Rothermund, K. (2011). Allgemeine Psychologie: Motivation und Emotion. Lehrbuch (Basiswissen Psychologie, 1. Aufl.). Wiesbaden: VS Verlag für Sozialwissenschaften / Springer Fachmedien Wiesbaden GmbH

Finzen, A. (2020), Schizophrenie – Die Krankheit verstehen, behandeln und bewältigen, 3. Auflage, Psychiatrie Verlag, Köln

Gerrig, R. J. (2015), Gründer: Zimbardo, P., Psychologie, 20. Auflage, Pearson Verlag, Hallbergmoos

Goleman, D., (1997), Emotionale Intelligenz, Deutscher Taschenbuch Verlag, München

Goleman, D./ Boyatzis, R./ McKee, A. (2003), Emotionale Führung, Berlin.

Häfner, H. (2017) Das Rätsel Schizophrenie, Eine Krankheit wird entschlüsselt. 4 .Auflage, Verlag: C.H.Beck oHG, München.

Hess, U., Kappas, A. (2009) – Enzyklopädie der Psychologie / Motivation und Emotionen/ 7. Kapitel: Appraisaltheorien: Komplexe Reizbewertung und Reaktionsselektion, Hogrefe Verlag, Verlag für Psychologie, Weimar

Hülshoff, T. (2012). Emotionen. Eine Einführung für beratende, therapeutische, pädagogische und soziale Berufe (Bd. 2051, 4., aktualisierte Auflage). München: Ernst Reinhardt Verlag

Izard, C. E. (1999), Die Emotionen des Menschen: Eine Einführung in die Grundlagen der Emotions- psychologie, 2. Aufl., Weinheim

Kaluza, G., (2018), Stressbewältigung: Trainingsmanual zur psychologischen Gesundheitsförderung, Springer Verlag, 4 Auflage, Berlin

Krause, K.-T. (2007), Emotionale Intelligenz – Soft Skill für Manager, Norderstedt

Krohne, H. W., (2009) – Enzyklopädie der Psychologie / Motivation und Emotionen / 14. Kapitel: Individuelle Differenzen in Emotionsprozessen, Hogrefe Verlag, Verlag für Psychologie, Weimar

Matakas, F., (2020) Psychodynamik der Schizophrenie – Symptomatik, Entwicklung, Therapie, Bedeutung, 1. Auflage, W. Kohlhammer Verlag, Stuttgart

Mayer, J. D./ Salovey, P./ Caruso, D./ Sitarenios, G. (2003), Measuring emotional intelligence with the MSCEIT V2.0. Emotion, Vol. 3(1), APA.

Pletzer, M. A. (2017), Emotionale Intelligenz: Einführung und Trainingsbuch, 2. Aufl., Freiburg.

Schmitz-Atzert, L., Peper, M., Stemmler, G., (2014) – Emotionspsychologie, Kohlhammerverlag, 2. Auflage

Schulze, R./ Freund, P. A./ Roberts, R. D. (2006), Emotionale Intelligenz: Ein internationales Handbuch, Stuttgart.

Spisak, M./ Della Picca, M. (2017) Führungsfaktor Psychologie: Fragen aus der Führungspraxis – Antworten aus der Psychologie, Berlin

Wallace, E./ Rijamampianina, R. (2005), Strategic Decision Making with Corporate Emotional Intelligence. Problems and Perspectives in Management, Vol. 3/2005, Sumy

Von Salisch, M. (2002). Emotionale Kompetenz entwickeln: Hintergründe, Modellvergleich und Bedeutung für Entwicklung und Erziehung. In: Dieselbe (Hrsg.). Emotionale Kompetenz entwickeln. Stuttgart: Kohlhammer

Internetquellenverzeichnis

Behindertenrechtskonvention, Praetor Intermedia UG, Abgerufen am 26.01.2020, Verfügbar unter: https://www.behindertenrechtskonvention.info/inklusion-3693/

De Micheli, M, (2014), Warum emotional intelligente Führungskräfte die besseren Chefs sind, München, abgerufen am 26.01.2020, verfügbar unter: http://mit-blog.de/warum-emotional-intelligente-fuehrungskraefte-die-besseren-chefs-sind/

DGPPN (2019), S3-Behandlungsleitlinie Schizophrenie, Stand: 15.03.2019 Abgerufen am 20.01.2020, verfügbar unter: https://www.dgppn.de/_Resources/Persistent/88074695aeb16cfa00f4ac2d7174cd068d0658be/038-009l_S3_Schizophrenie_2019-03.pdf

Frost, B., Mierke, K. (2013), Stresserleben und Stressbewältigung bei Studierenden Funktionale und dysfunktionale Strategien und weitere Einflussvariable, Journal of Business and Media Psychology 4, Heft 1, 13-24. Abgerufen am: 20.01.2020 Verfügbar unter: https://journal-bmp.de/wp-content/uploads/02_Frost-Mierke_dga.pdf

ICD-code.de, ICD-10 Codes, F20.- Schizophrenie, Abgerufen am 20.01.2020, Verfügbar unter: https://www.icd-code.de/icd/code/F20.-.html

Institut für emotionale Intelligenz (o.A.), Was ist emotionale Intelligenz (EQ)?, Verfügbar unter: http://www.ifeq.at/eq abgerufen am 26.01.2020.

Luskin, F., Aberman, R. & DeLorenzo, A. (2005), The Training of Emotional Competence in Financial Services Advisors. Consortium for Research on Emotional Intelligence in Organizations, New Jersey., Abgerufen am 16.01.2020, Verfügbar unter: http://www.eiconsortium.org/pdf/training_of_emotional_competence_in_financial_services_advisors.pdf

Matthews, G./ Roberts, R. D./ Zeidner, M. (2004), Seven Myths about Emotional Intelligence. Psycholo- gical Inquiry, Vol. 15(3), Florence, Abgerufen am 26.01.2020, Verfügbar unter: http://emilkirkegaard.dk/en/wp-content/uploads/Emotional%20intelligence%20A%20promise%20unfulfilled.pdf

Stangl, W. (2018), Coping. Lexikon für Psychologie und Pädagogik. Abgerufen am 20.01.2020. Verfügbar unter: https://lexikon.stangl.eu/36/coping/

Schramm, S., (2013), Mitten ins Leben - Psychisch krank und berufstätig, abgerufen am 20.01.2020, Verfügbar unter: https://www.zeit.de/2013/46/psychologie-therapie-arbeit